LES
DROITS DE PÉAGE
AUX PORTES DE FER

PAR

JEAN T. GHICA

Licencié en droit.
Ancien élève de l'Ecole des Sciences politiques.
Membre de la Société de législation comparée.

PARIS
A. CHEVALIER-MARESCQ & Cie, ÉDITEURS
20, RUE SOUFFLOT

1899

LES

DROITS DE PÉAGE

AUX

PORTES DE FER

LES

DROITS DE PÉAGE

AUX PORTES DE FER

PAR

JEAN T. GHICA

Licencié en droit.
Ancien élève de l'Ecole des Sciences politiques.
Membre de la Société de législation comparée.

PARIS

A. CHEVALIER-MARESCQ & Cie, ÉDITEURS

20, RUE SOUFFLOT

1899

LES DROITS DE PÉAGE

AUX

PORTES DE FER

Il y a quelques mois toute la presse et les sphères politiques européennes ont été émues par une grave nouvelle arrivée récemment de Hongrie : le gouvernement de Buda-Pesth, se proposait de percevoir, à partir du 1er mai, des taxes de péage sur toutes les marchandises qui traversaient le Danube aux Portes de Fer. Cette entrave à la liberté de navigation sur le grand fleuve provoqua spontanément de toutes parts de vives protestations : les journaux allemands, autrichiens, roumains, français même s'élevaient contre ces mesures vexatoires pour le commerce européen. Les Etats directement intéressés firent valoir leurs justes observations, les Chambres de commerce autrichiennes envoyèrent leurs doléances au gouvernement Hongrois.

Les Etats qui ont protesté sont : l'Autriche, la Serbie, la Bulgarie, la Russie, la Bavière et la Roumanie (1). L'ancien président du conseil du gouvernement roumain M. Démètre Stourdza, a signé et envoyé une note de protestation aussitôt qu'il a eu connaissance des intentions du gouvernement de Buda-Pesth.

On ne pouvait pas se douter que le gouvernement de M. Koloman Szell, oublierait si facilement et le grand principe de la liberté de la navigation des fleuves internationaux posé il y a près d'un siècle, et toutes les conventions internationales conclues depuis 1815 jusqu'en 1878.

Ces protestations énergiques eurent un succès, car avant le 1er mai, le gouvernement hongrois de Buda-Pesth, annonça que les taxes de péage qu'il avait l'intention de percevoir aux Portes de Fer seraient ajournées *sine die,* afin que la question « *soit mieux étudiée* », nous apprenaient les journaux hongrois.

Ce succès n'était que de courte durée, car tous les journaux autant autrichiens que roumains nous apportent la nouvelle que le tarif des taxes aux Portes de Fer entrera en vigueur le 1er septembre, et que ce tarif « *ne différera nullement du projet primitif*

(1) Voir *Le Temps*, 39e année N° 13830, du mardi 18 avril 1899. Ce qui est intéressant, c'est qu'un journal hongrois *Buda-Pesti Hirlap,* proteste aussi contre ces taxes de péage.

en ce qui concerne le montant des taxes. Le nouveau tarif contient seulement quelques facilités au point de vue de la perception de ces taxes ». (1) « Les taxes primitives proposées par le gouvernement hongrois n'ont subi aucune modification », ajoute plus catégoriquement un journal roumain (2).

Le projet primitif subsiste donc dans tout son entier, car le principe même n'a été ni abandonné ni retouché. Qu'est-ce que c'est que ces taxes de péage ? La Hongrie a-t-elle le droit d'imposer les marchandises traversant le Danube aux Portes de Fer ? Quel est le caractère de ces taxes de péage ? Ne sont-elles point contraires aux dispositions catégoriques contenues dans les traités de Londres 1871 et de Berlin 1878 ?

Après avoir étudié ces questions nous indiquerons la solution qui nous paraît la plus conforme au droit international et qui pourra trancher le plus équitablement possible le conflit soulevé par le gouvernement hongrois, sans léser ni les principes admis par le droit international pour le commerce européen, ni les droits des Etats riverains du Danube.

Les taxes de péage qui entreront en vigueur à partir du 1er septembre prochain, sont un droit que chaque bateau marchand qui remontra ou descen-

(1) Voir la « *Neue Freie Presse* » du 16 juillet 1899 et « *L'Indépendance Roumaine* », 23e année, 5e série, N° 6840, du mercredi 7 (19) juillet 1899.

(2) Voir le journal la « *Vointa Nationala* » XVIe année N° 4332, du dimanche 11 (23) juillet 1899.

dra le Danube au delà de Orsova sera obligé d'acquitter *selon la catégorie des marchandises transportées* et non pas selon sa capacité.

Malgré les détails un peu encombrants, voici exactement en quoi consistent les taxes de péage :

1) Chaque bateau marchand, shlep, bateau à rames ou tout autre navire chargé ou non chargé, sera soumis à une taxe de tonnage de 20 centimes par mille kilogrammes.

2) Les marchandises chargées sur ces bateaux paieront une taxe de passage de 18 centimes pour cent kilogrammes de marchandises. Sont exceptés l'anthracite, la houille, les charbons de bois, le lignite, la pierre de carrière, le gravier, le ciment, la chaux, le bois de chauffage et le pétrole brut, qui payeront 6 centimes pour cent kilogrammes.

3) Les remorqueurs payeront : *a*) une taxe de tonnage de 5 centimes pour cent kilogrammes, et *b*) une taxe de traversée de 4 centimes pour cent kilogrammes de marchandises (1).

Et pour faire ressortir l'importance du montant de ces taxes, le correspondant viennois du journal « *La Roumanie* », fait un petit calcul pour un shlep de 600 tonnes qui traverserait les Portes de Fer. Le calcul que voici est fort instructif :

Taxe de tonnage, (20 cent. par tonne).	fr.	120
Même taxe pour le retour.	»	120

(1) Voir « *La Roumanie* » IIe année, N° 135, du mercredi 31 mars (12 avril) 1899.

Taxe de passage pour les marchandises (18 cent. p. 100 kilos). . . . . » 1080

Total. . . fr. 1320

La taxe de péage sera donc pour chaque tonne de marchandise, *de 22 centimes pour cent kilos* (1).

Dans ces conditions ces taxes sont de véritables entraves au commerce européen sur le Danube.

La question des taxes de péage aux Portes de Fer présente deux côtés très intéressants à étudier : le côté économique et le côté du droit international public.

La question économique est celle de savoir en quoi le projet du gouvernement hongrois de soumettre à un droit toutes les marchandises qui traverseront les Portes de Fer, lèse les intérêts économiques des Etats riverains du Danube en général et de la Roumanie en particulier (2). Ensuite on peut se

(1) Le même N° du même journal. La correspondance de Vienne est datée du 6 avril 1899.

(2) Voici en quelques mots, d'après un journal roumain, quel est le mouvement commercial de la Roumanie sur le Danube :

« L'avenir si fructueux qui s'entr'ouvre devant notre navigation danubienne ressort suffisamment de ce fait que pas moins de 600.000 tonnes de céréales pour les trois quarts roumaines et un quart bulgare, ont franchi l'année dernière les Portes de Fer à destination de l'Allemagne et de l'Autriche-Hongrie. Qu'on ajoute à cela les 12.000 tonnes de pétrole que nous exportons et qui sont logées dans des réservoirs spéciaux à Ratisbonne, les 20.000 tonnes de sel vendues à la Serbie, nos expéditions grandissantes de poisson, de bois, etc.,

demander si un État a le droit d'imposer des taxes douanières, autres que celles qui sont stipulées dans les conventions commerciales conclues. Dans l'étude que nous faisons, cette question de politique douanière ne nous intéresse guère, mais à notre avis ces taxes de péage ne sont qu'une simple réponse à la convention germano-roumaine, créant un transit direct entre Berlin-Bucarest-Constantinople écartant tout à fait la Hongrie. Grâce à cette convention entrée en vigueur le 1er mai dernier (bizarre coïncidence !), le trafic commercial entre la mer du Nord et la mer Noire, entre l'Occident et l'Orient, ne traverse plus la Hongrie mais, l'Allemagne, l'Autriche et la Roumanie. En revanche, les taxes de péage portent atteinte au commerce allemand, autrichien et roumain (1).

et on se rendra compte du développement que ce service est susceptible de prendre ».

« *L'Indépendance roumaine* » 23e année, 5e série, n° 6.782, du vendredi 7 (19) mai 1899.

(1) Lors de la conclusion de cette convention entre l'Allemagne et la Roumanie, toute la presse hongroise l'a vivement attaquée. Le gouvernement de Buda-Pest n'était pas du tout content et cela se conçoit aisément. Voici d'après la *Gazette de Cologne* les avantages de cette nouvelle route entre l'Occident et l'Orient, et la Hongrie :

« Depuis le 1er mai, cette ligne est en activité, et désormais, le voyageur allemand pourra faire le trajet de la capitale de l'empire à Constantinople en 50 ou 52 heures environ, soit beaucoup plus rapidement qu'avec l'Orient-express de Paris.

....

D'ailleurs, la valeur de la nouvelle ligne ne finit pas à sa station terminus, Contantza ou Constantinople. Des occasions

La question de droit international public, est celle de savoir si l'Autriche-Hongrie a le droit de percevoir des taxes sur les marchandises qui sont transportées sur les bateaux marchands naviguant sur le Danube en amont et en aval des Portes de Fer. Deux articles, de deux traités internationaux, nous serviront pour résoudre cette question de droit fluvial international ; ce sont : *l'article 6 du traité de Londres du 13 mars 1871, et l'article 57 du traité de Berlin, du 13 juillet 1878*. En étudiant ces deux articles et l'esprit dans lequel ils ont été rédigés, nous verrons quels sont les droits de l'Autriche-Hongrie et si, en vertu du texte de ces traités, ce pays a le droit de soumettre à une taxe les marchandises européennes qui traverseront le Danube à l'endroit nommé les Portes de Fer.

Le traité conclu à Londres le 13 mars 1871 entre les sept grandes puissances a eu pour but de reviser les stipulations du traité conclu à Paris le 30 mars 1856, qui s'occupe spécialement de la réglementation de la navigation du Danube et de la mer Noire (1) ; l'article 6 de ce traité reconnaît aux puissances riveraines du Danube là « où les cataractes et les Portes de Fer mettent des obstacles à la navi-

nombreuses s'offrent pour chercher de là de nouveaux points de contact économiques dans l'Asie mineure, dans l'Egypte loin dans l'Orient. » Voir reproduit ce passage dans « *L'Indépendance roumaine* » 23e année, 5e série, nº 6.772, du mercredi 28 avril (10 mai) 1899.

(1) L'échange des ratifications de ce traité a eu lieu à Londres le 15 mai 1871.

gation » la faculté de faire des travaux ayant pour but la disparition de ces obstables; et pour cela, les grandes puissances reconnaissent au pays qui a entrepris ces travaux, « dès à présent *le droit de percevoir une taxe provisoire* **sur les navires de commerce sous tout pavillon** qui en profiteront désormais jusqu'à l'extinction de la dette contractée pour l'exécution des travaux » (1). Le dernier alinéa de cet article, déclare « *inapplicable* », jusqu'au jour où les dépenses occasionnées par les travaux seront remboursées, l'article 15 du traité de Paris de 1856 (2), par lequel la navigation du Danube est déclarée libre, et celle-ci « ne pourra être assujettie à aucune entrave ni redevance.......... En conséquence il ne sera perçu aucun péage basé uniquement sur le fait de la navigation du fleuve,

(1) Nous reproduisons ici le texte officiel de l'article 6 : « Les puissances riveraines de la partie du Danube où les cataractes et les Portes de Fer mettent des obstacles à la navigation, les Hautes Parties Contractantes leur reconnaissent dès à présent le droit de percevoir une taxe provisoire sur les navires de commerce sous tout pavillon qui en profiteront désormais jusqu'à l'extinction de la dette contractée pour l'exécution des travaux; et elles déclarent l'article 15 inapplicable à cette partie du fleuve pour le laps de temps nécessaire au remboursement de la dette en question ».

(2) L'échange des ratifications de ce traité a eu lieu à Paris le 27 avril 1856. Consultez sur le traité de Paris, Gaston de Monicault. *Le Traité de Paris et ses suites* (1856-1871), pages 67-100; sur la révision de ce traité à Londres, *même ouvrage*, pages 342-357. Le texte officiel du traité de Paris est publié en appendice I. pages 361-372, et celui du traité de Londres en appendice II. pages 379-383.

ni aucun droit sur les marchandises qui se trouvent à bord du navire. »

Le droit de la libre navigation du fleuve du Danube est une application des principes concernant la liberté des fleuves internationaux, principes solidement établis à Vienne en 1815, sous la garantie de l'Europe ; car les grandes puissances « déclarent que cette disposition fait, désormais, partie du droit public de l'Europe et la prennent sous leur garantie » (1).

Le traité de Londres, d'après le texte de l'article que nous venons de citer, ne décide point quel pays

(1) Nous reproduisons ici le texte entier de l'article 15 du traité de Paris de 1856 : « L'acte du congrès de Vienne, ayant établi les principes destinés à régler la navigation des fleuves qui séparent ou traversent plusieurs Etats, les puissances contractantes stipulent entre elles, qu'à l'avenir ces principes seront également appliqués au Danube et à ses embouchures. Elles déclarent que cette disposition fait, désormais, partie du droit public de l'Europe, et la prennent sous leur garantie. La navigation du Danube ne pourra être assujettie à aucune entrave ni redevance qui ne serait pas expressément prévue par les sipulations contenues dans les articles suivants. En conséquence, il ne sera perçu aucun péage basé uniquement sur le fait de la navigation du fleuve, ni aucun droit sur les marchandises qui se trouvent à bord du navire. Les réglements de police et de quarantaine à établir, pour la sureté des Etats séparés ou traversés par ce fleuve, seront conçus de manière à favoriser autant que faire se pourra, la circulation des navires. Sauf ces réglements, il ne sera apporté aucun obstacle, quelqu'il soit à la libre navigation ». Voyez le texte entier du traité de Berlin reproduit par *Max Choublier* ; *La Question d'Orient depuis le traité de Berlin*. Paris 1897, page 509-528.

riverain devrait prendre l'initiative des travaux à exécuter pour faciliter la navigation à l'endroit des Portes de Fer. « Les puissances riveraines », nous répète le texte officiel, et rien de plus. Sept ans plus tard, lors de la guerre roumaine-russo-turque, en 1878, cette lacune fut comblée par le traité de Berlin qui complétait celui de San-Stefano : c'est bien « *L'Autriche-Hongrie* », et non « *la Hongrie* » seule qui sera chargée d'entreprendre les travaux des Portes de Fer. Les termes précis de l'article 57 sont les suivants :

« L'exécution des travaux destinés à faire disparaître les obstacles que les Portes de Fer et les cataractes opposent à la navigation est confiée à l'Autriche-Hongrie. Les Etats riverains de cette partie du fleuves accorderont toutes les facilités qui pourraient être requises dans l'intérêt des travaux.

« Les dispositions de l'article 6 traité de Londres du 13 mars 1871, relatives au droit de percevoir *une taxe provisoire* pour couvrir les frais de ces travaux, sont maintenues en faveur de l'Autriche-Hongrie » (1).

Malgré les décisions des diplometes qui chargèrent l'Autriche-Hongrie de l'exécution des travaux, ce n'est que l'Etat hongrois seul, que le gouvernement autrichien de Vienne chargea de l'exécution des travaux ayant pour but de faire disparaître tous les obstacles qui s'opposaient au libre cours de la

(1) Nous avons étudié plus haut l'article 6 du traité de Londres de 1871.

navigation du Danube, et c'est ce même État qui supportera les charges qui résulteront de ces obstacles (1). Le gouvernement hongrois, a été, selon notre opinion, le mandataire du gouvernement autrichien. Les intentions de ce dernier ont-elles été dépassées pour le premier ?

Les travaux exécutés par les ingénieurs hongrois pour le canal des Portes de Fer se divisent en deux parties : 1° la partie du Danube comprise entre Turnu-Severin et Orsova et 2° la partie du Danube comprise entre Orsova et Moldava. Dans la première partie du canal, canal international roumano-hongrois, le tirant d'eau atteint deux mètres, tandis que dans la seconde partie, canal exclusivement hongrois, le niveau du passage aux eaux basses descend jusqu'à 60 centimètres seulement. Là, encore une question de politique économique suivie par la direction des travaux (2) qui va à l'encontre

(1) Consulter, sur les avantages dont l'Autriche-Hongrie a profité du traité de Berlin, *Max Choublier. Op. cit* pages 143-158.

(2) Le but poursuivi est celui de forcer les grands bateaux transportant des marchandises, à abandonner la voie fluviale à Orsova, ne pouvant, à cause de leur tonnage traverser le canal d'Orsova-Moldava, et forçant les marchandises à prendre la voie ferrée Orsova-Buda-Pesth pour traverser la Hongrie. Ingénieuse trouvaille magyare, mais nuisible au commerce européen ! Grâce à cette combinaison le port d'Orsova « ...devient une étape importante, marquant, pour ainsi dire, la frontière entre le Danube facilement navigable, accessible en tout temps aux navires, et le fleuve en amont, intention-

des engagements pris par le gouvernement hongrois en 1887, vis-à-vis des puissances riveraines du Danube, quand il s'engageait à donner au courant d'eau une profondeur égale de deux mètres sur toute la longueur du canal de Turnu-Severin et jusqu'à Moldava. Engagement non exécuté encore par la Hongrie.

Ce n'est qu'une dizaine d'années plus tard que les travaux des Portes de Fer ont été commencés. Beaucoup d'hommes politiques ne virent dans le retard apporté dans l'exécution des travaux qu'un fait intentionnel de la politique de défense stratégique de l'Autriche-Hongrie. Parmi les auteurs, entre autres, Michel Kogalniceanu, qui joua un brillant rôle dans la politique de la Roumanie, partageait cet avis, car, en se prononçant sur les débats qui eurent lieu à l'occasion de la conclusion du traité de Berlin, il disait : « On a reconnu à l'Autriche-Hongrie le droit de disposer seule, des Portes de Fer, non pas pour les faire disparaître, mais pour les conserver comme une puissante forteresse de la Hongrie. » (1). Parmi les derniers auteurs, M. Pierre Orban admet, moins affirmativement il est vrai, que la première intention de l'Autriche-Hongrie était de ne pas faire exécuter les travaux :

nellement négligé, afin de forcer le trafic à se diriger de préférence vers le rail. »

Voir « *L'Indépendance roumaine* » 23e année ; 5e série, n° 6.786, du mercredi 12 (24) mai 1899.

(1) Mihail Kogalniceanu. *Cestiunea Dunarii*. Bucarest 1882. 1re partie, page 53.

« Peut-être, dit-il, l'Autriche avait-elle l'arrière-pensée de ne pas faire exécuter les travaux dont elle réclamait la charge.... » (1). Cette opinion est erronée, et dès 1858, le baron Hübner promit, au sein de la conférence de Paris, que l'Autriche-Hongrie serait la première à ouvrir la libre navigation sur le Danube, faisant ainsi disparaître les obstacles qui s'opposaient au transit du commerce entre l'Occident et l'Orient.

C'est l'Etat hongrois seul sans aucun contrôle de l'Autriche, qui a fait exécuter les travaux, et parce que ceux-ci sont une œuvre exclusivement hongroise, on ne reconnaît aucun droit à l'Empire autrichien.

A partir du 1er septembre, le gouvernement hongrois créera des droits de péage sur toutes les marchandises qui traverseront les Portes de Fer. Malgré les protestations venues de toutes parts, des taxes de péage vont frapper le commerce européen mettant ainsi un sérieux obstacle à la libre navigation du Danube, ce grand fleuve qui est la voie la plus économique pour les transports des marchandises entre les pays occidentaux et orientaux de l'Europe.

Pour excuser la mise en vigueur des taxes de péage sur les marchandises, le gouvernement hongrois de M. Koloman Szell, s'appuie sur les trai-

(1) Pierre Orban. *Etude de droit fluvial international*. Paris, 1896, page 234.

tés de Londres et de Berlin dont nous avons parlé plus haut.

L'interprétation que les cercles officieux de Buda-Pesth donnent aux traités mentionnés est erronée et dépourvue de toute base juridique, car si l'article 6 du traité de Londres du 13 mars 1871 et l'article 57 du traité de Berlin du 13 juillet 1878 reconnaissent à l'Autriche-Hongrie, et par conséquent à la Hongrie seule, le droit de percevoir une taxe de péage sur les navires de commerce qui traverseront les Portes de Fer, cela ne veut pas dire que ce droit se transforme en une taxe douanière frappant les différentes catégories de marchandises. Qu'est-ce que l'article 6 de 1871 et l'article 57 de 1878 nous disent? Ils reconnaissent «... le droit de percevoir une taxe provisoire **sur les navires de commerce** sous tout pavillon. » (1). Rien de plus. La taxe qui fut accordée par les diplomates de l'Europe en 1871 et en 1878, est une taxe sur **les navires de commerce**, et non pas sur **les marchandises**, et lorsque le gouvernement de Buda-Pesth par ses nouvelles taxes de péage frappe **les marchandises**, il va à l'encontre des intentions des diplomates et heurte le sens précis du texte des traités. Ce qui dénote le caractère douanier de ces

(1) Voir des détails plus complets sur ces taxes dans : *Le Journal des Débats*, 3e année, n° 106, du lundi 17 avril 1899; *La Roumanie*, 2e année, n° 135, de mercredi 31 mars (12 avril) 1899; *l'Indépendance roumaine*, 23e année, 5e série n° 6749, 6782, 6786 et 6788, de mardi 30 mars (11 avril), vendredi 7 (19) mai, mercredi 12 (24) mai et vendredi 14 (26) mai 1899.

taxes, c'est que le nouveau tarif classifie les marchandises en différenciant la taxe selon les diverses catégories.

Quelle est la nature des taxes prévues par les deux traités et quelle est l'interprétation qu'on doit donner aux mots « *navires de commerce* » ?

La seule interprétation qu'on puisse donner à ces mots (et selon nous il ne peut y en avoir d'autre), c'est que ce sont des *taxes de circulation* et non pas des *taxes sur les marchandises*. Voilà la vraie interprétation de l'article 6 du traité de Londres de 1871, et c'est l'opinion que nous soutenons. Par son nouveau tarif le gouvernement hongrois a donné à cet article une interprétation tout à fait opposée, car il impose aux navires de commerce qui remontent ou descendent le cours du Danube, des taxes sur les marchandises transportées et non pas des taxes de circulation. Jamais, croyons-nous, on ne pourra soutenir, ne fût-ce qu'un instant, à moins qu'on ne veuille quitter le terrain juridique, que par « *navires de commerce* » on veut dire « *marchandises transportées à bord des navires de commerce* ». C'est commettre une grave erreur, sinon une hérésie juridique, que de soutenir une semblable opinion. C'est avec juste raison que la Chambre de commerce de Vienne, protestant contre le tarif hongrois, nous dit : « En tout cas, cette taxe ne pourra frapper que les navire mar-

(1) L'article 6 du Traité de Londres du 13 mars 1871.

chands et non pas les marchandises qu'ils ont à bord. » (1). Cette affirmation de la Chambre de commerce viennoise confirme notre opinion et l'interprétation que nous donnons au texte de l'article 6 du traité de Londres de 1871, en soutenant qu'il contient un droit de circulation et non pas un droit sur les marchandises.

Ce droit sur la circulation ou plus explicitement ce droit sur la navigation, doit être distinct et ne doit point frapper les marchandises transportées ; et si la Hongrie veut imposer des taxes, elles doivent avoir pour objectif *le navire marchand* et non *la marchandise transportée à son bord*. En résumant son important chapitre sur les taxes de navigation, Engelhardt, nous dit dans son article 5 : « Les droits de navigation seront indépendants de la nature des chargements ; ils auront pour base le tonnage indiqué par le procès-verbal officiel dont chaque bâtiment doit être muni » (2). Cette opinion du savant diplomate confirme notre interprétation sur l'article 6 du traité de 1871 et prouve une fois de plus combien est fausse l'interprétation que le gouvernement hongrois lui donne.

(1) La protestation de la Chambre de commerce de Vienne est résumée dans *l'Indépendance roumaine*, 23e année, 5e série, nº 6753 du samedi 3 (15) avril 1899.

(2) Ed. Engelhardt. *Du Régime conventionnel des Fleuves Internationaux*. Paris 1879, page 155. Consultez aussi, au point de vue de la solidarité qui doit régner entre les Etats riverains quant à la confection des travaux de correction et d'entretien, page 116.

L'étude approfondie de toutes les conventions diplomatiques qui ont pour but de réglementer la navigation des fleuves internationaux, nous prouve que, depuis 1815 lorsque par la convention de Vienne on a affirmé et posé le principe de la liberté de la navigation et jusqu'en 1878, époque à laquelle l'Autriche-Hongrie a été chargée de faire disparaître les obstacles des Portes de Fer, l'idée dominante des diplomates réunis en congrès ou conférences, a toujours été la liberté de la navigation ; et lorsqu'ils ont été obligés de reconnaître à un Etat quelconque le droit de percevoir des taxes, ils l'ont fait désirant que l'Etat, qui a dépensé pour les travaux exécutés, recouvre les sommes avancées, au moyen de taxes sur la navigation et non par des taxes ayant un caractère douanier protectionniste, et tout cela sans porter la moindre atteinte au grand principe admis en 1815.

Un examen rapide des conventions conclues, nous viendra en aide et prouvera combien elle est fondée l'interprétation que nous avons adoptée.

C'est en 1815, au Congrès de Vienne, que les règles fondamentales qui dominent la navigation fluviale internationale, ont été admises. L'article 109 dit : « La navigation dans tout le cours de rivières.... *sera entièrement libre et ne pourra, selon le rapport du commerce, être interdite à personne.* » (1)

(1) Pierre Orban *Etude de Droit Fluvial International*, page 98 et consultez aussi le chapitre dans lequel on étudie les travaux du Congrès de Vienne, pages 97-105.

Le fleuve du Danube n'a point été l'objet de la préoccupation des Congressistes et les causes qui les ont décidés à ne point se préoccuper de ce grand fleuve ne sauraient nous retenir (1), mais en revanche, le Congrès, en ce qui concerne les taxes qui pourraient être imposées, a admis le principe suivant : elles auront pour but le remboursement des dépenses faites dans l'intérêt de la navigation, car « l'octroi devra avoir uniquement pour but le remboursement des dépenses faites dans l'intérêt de la navigation » (2). L'idée dominante qui préoccupait les diplomates était toujours de conserver intact le principe de la liberté de la navigation. Exceptionnellement on admet le droit de percevoir des taxes, mais pour le recouvrement des dépenses faites dans l'intérêt commun sans porter atteinte aux principes universellement admis. Rien de plus. On ne l'a pas fait et on n'admettra jamais une taxe protectionniste dont le caractère serait purement douanier, car le droit de naviguer sur les fleuves internationaux appartient à tous les Etats.

L'omission du Congrès de Vienne de 1815 ne fût comblée qu'en 1856 au Congrès de Paris, quand on admit le Danube parmi les fleuves internationaux, comme le Rhin, l'Escaut, l'Elbe, le Pô, et là on posa même les conditions de l'admission du Danube. Entre autres choses on spécifie que les travaux des

(1) Ces causes sont largement exposées par Pierre Orban, *op. cit.*, page 175-176.

(2) Ed. Engelhardt, *op. cit.*, page 120.

portes de fer devraient être exécutés par les Etats riverains, et en échange, l'article 15 du traité de Paris autorise « .... la perception des droits fixes destinés à couvrir les frais des travaux .... » ajoutant que, « sans ces droits locaux, les navires jouiraient d'une franchise absolue sans distinction de pavillons » (1). Et plus loin, Engelhardt, s'occupant de cette décision du traité, ajoute en ce qui concerne ce tarif : « .... en affectant le produit de leur tarif futur au seul et unique remboursement des capitaux employés à l'amélioration fluviale » (2).

Nous voyons donc qu'en 1856 tout aussi bien qu'en 1815, ce qui préoccupe essentiellement les diplomates, c'est le principe de la liberté de la navigation et dans tous les traités et conventions conclues ils ne cessent de le répéter.

C'est ainsi que la navigation sur le Danube resta entièrement libre, ce qui permit à Michel Kogalniceanu de dire : « C'est ainsi que le Danube resta libre à tous les pavillons et ce n'est qu'à cette liberté que la Roumanie doit le développement de son commerce, de son agriculture et la prospérité de ses ports » (3).

Le traité de Londres de 1871 et puis le traité de Berlin de 1878, spécifient que c'est l'Autriche-Hon-

(1) Ed. Engelhardt, *op. cit.*, page 129 et Gaston de Monicault, *op. cit.*, page 367.

(2) Ed. Engelhardt, *op. cit.*, page 131.

(3) Michel Kogalniceanu. *Cestiunea Dunarii*. Bucarest 1882, 1re partie, page 39.

grie qui entreprendra les travaux de disparition des rochers qui obstruaient la navigation du Danube aux Portes de Fer (1).

C'est le baron Keymerlé, au nom de l'Autriche-Hongrie, qui a demandé à se substituer aux pays riverains. Effectivement dans le protocole n° 12 du

(1) Le traité de Paris déclare nettement que ce sont les Etats riverains qui exécuteront les travaux de correction aux Portes de Fer; or, quels sont ces deux pays? La Roumanie et la Serbie. Comment se fait-il qu'un troisième pays qui n'est pas riverain du Danube au point nommé les Portes de Fer, s'est arrogé ce droit d initiative? La cause doit être recherchée dans le succès des diplomates austro-hongrois. Les auteurs qui se sont occupés de cette question reconnaissent ce fait. Voici ce que nous dit, entre autres, M. Pierre Orban : « C'était donc la Roumanie et la Serbie et non l'Autriche qui étaient tout naturellement désignées pour s'occuper des Portes de Fer. Modifier cette attribution équivalait à méconnaître les droits souverains des deux principautés ». Et plus loin, il continue : « ... donc l'Autriche, pour se conformer à l'esprit de cette prescription, aurait dû tout au moins admettre la collaboration de la Serbie et de la Roumanie ». Pierre Orban, *Etude de Droit Fluvial International* Paris, 1896, page 234.

Les prescriptions dont l'auteur nous parle sont celles qui sont comprises dans l'article 113 de l'acte de 1815, qui déclare hautement que les Etats possesseurs en commun de la portion d'un fleuve, doivent s'entendre entre eux quant à l'exécution des travaux à exécuter dans l'étendue de cette section. Nous savons tous, malheureusement combien le traité de Berlin est contraire non seulement au principe de 1815 sur la liberté de la navigation des fleuves internationaux, mais aussi aux principes admis par le droit international. Le rapt de la province de la Bessarabie est un des faits les plus arbitraires des diplomates qui, en 1878, ont conclus le traité de Berlin !

4 juillet 1878, nous voyons l'Autriche-Hongrie substituée aux Etats riverains, la Roumanie et la Serbie, pour entreprendre l'exécution des travaux. Voici du reste le texte de ce protocole :

« Le Congrès substitue l'Autriche-Hongrie aux puissances riveraines à l'égard des dispositions de l'article 6 du traité de Londres du 13 mars 1871, au sujet des travaux à exécuter aux Portes de Fer et aux cataractes » (1).

De l'étude que nous avons faite de ces deux traités, et sur lesquels il ne nous est plus permis de revenir, nous avons vu quelles sont les taxes que l'Empire Austro-Hongrois a le droit de percevoir pour les travaux exécutés : *taxes de circulation, de navigation*. On ne peut pas admettre qu'en 1871 et en 1878, les diplomates se soient donné un démenti à eux-mêmes pour prendre des décisions tout à fait contraires à celles prises en 1815 et 1856, en permettant à un Etat de frapper de droits douaniers protectionnistes le commerce européen pratiqué sur le cours d'eau d'un fleuve international dont la liberté de navigation était garantie. Les traités de Londres et de Berlin ne sont que la continuation logique de ceux de Vienne et de Paris, conclus dans le même sens et ne renfermant que la suite des idées admises. Ce qui prouve qu'il y a une continuation dans les idées admises par les diplomates, et cela ne fait aucun doute, c'est qu'un diplomate même, et de ceux

(1) Voyez l'*Indépendance Roumaine*, 23e année, 5e série, n° 6788, du vendredi 14 (26) mai 1899.

qui font autorité en la matière, Engelhardt, aux lumières duquel nous avons souvent été forcé de recourir, Engelhardt, à propos de la conférence de Londres, nous dit que les mêmes grandes puissances qui en 1856 ont admis le Danube parmi les fleuves internationaux qui jouissent d'une liberté absolue de navigation, ont autorisé l'Autriche « à établir *éventuellement un tarif de navigation* sur le haut Danube, pour s'indemniser des frais qu'entraînerait la correction de leur section commune aux Portes de Fer.... » (1).

Il ne reste qu'à nous demander une deuxième fois : quel caractère doivent revêtir les taxes que la Hongrie, déléguée de l'Autriche, a le droit de percevoir aux Portes de Fer?

Des taxes de navigation, nous dit Engelhardt, et nous allons préciser en disant que ce sont des *taxes sur la circulation*; et cela *éventuellement*! Combien nous sommes éloignés des taxes prévues par le nouveau tarif hongrois applicable à partir du 1er septembre prochain. Comme ces taxes ont un caractère protectionniste frappant ainsi l'intérêt commercial, foulant aux pieds le principe de la liberté de la navigation, et tous les traités et conventions internationaux conclus depuis 1815 jusqu'en 1878! Combien les idées et les décisions des représentants des grandes puissances à tous les congrès européens ont été faussées par les décisions du gouvernement hongrois de M. Kolomann Szell!

(1) Ed. Engelhardt, *op. cit.*, page 131.

Comme dernière preuve, pour montrer que le péage se perçoit, pour chaque navire de commerce, d'après sa capacité et non d'après les différentes qualités des marchandises contenues à bord, nous n'avons qu'à citer le droit de péage que les navires acquittent en traversant le Danube à Soulina, où la Commission européenne du Danube perçoit aussi des taxes afin de recouvrer les sommes dépensées dans les travaux de régularisation du cours du fleuve dans ce bras du Danube (1). A Soulina les taxes prévues par l'article 2 du règlement de la commission du Danube varient selon la capacité du navire de commerce, de 0 fr. 55 centimes un navire de 201-400 tonnes et jusqu'à 1 franc 90 centimes un navire dépassant 1000 tonnes. A partir du second voyage ces taxes sont réduites à 85 0/0. Cela fait qu'un bateau de 1200 tonnes registre chargeant 3000 tonnes de marchandises, ne paye en réalité que de 0,50 centimes à 1 fr. 30 pour chaque tonne de capacité, et non pas l'énorme somme de 10 francs la tonne

(1) A propos du canal du Nord, nous reproduisons une remarque fort juste dans un journal roumain :

« Les Allemands ont construit un canal entre la mer du Nord et la mer Baltique, de 90 kilomètres de longueur moyennant une dépense de 156 millions de marks. Un navire jaugent 1000 tonnes acquitte comme droit de péage 420 marks.

Ce même navire, en traversant les Portes de Fer, aurait à payer *2.500 florins*, bien que les travaux de régularisation ne s'élèvent qu'à 18 millions de florins et que le canal lui-même soit 56 fois plus court que celui de la mer du Nord. » Voir *L'Indépendance roumaine*, 23e année, 5e série, n° 6753, du samedi 3 (15) avril 1899.

comme cela revient aux Portes de Fer. On ne s'occupe point des marchandises transportées, car on a imposé le tonnage. Le cas est le même et l'analogie ne souffre point de discussion. Aux Portes de Fer, comme à Soulina, on a exécuté des travaux ayant pour but de faciliter la liberté de la navigation ; la Commission européenne du Danube, comme la Hongrie, a supporté les charges des travaux exécutés ; là, comme ici le même cas se produit et l'une comme l'autre doit, dans un laps de temps assez long, recouvrer l'argent dépensé. N'est-ce point logique de la part de la Hongrie de percevoir aux Portes de Fer, les mêmes taxes en droit (fussent-elles peu élevées en fait) que celles perçues par la Commission européenne du Danube à Soulina !

Pour quelles causes un navire de commerce chargé de marchandises descendant de Mayence et se rendant dans un port de la mer Noire serait-il obligé d'acquitter des taxes de péages *selon la catégorie de ses marchandises* aux passage des Portes de Fer, tandis qu'à son passage à Soulina il n'acquittera des taxes de péage, que selon son tonnage, *sa capacité* sans se préoccuper des marchandises qu'il transporte à bord ? Pourquoi cette différence dans les taxes perçues sur le même fleuve ? A quoi, sinon au caractère protectionniste qui a pour but de favoriser le commerce hongrois au détriment de tout autre commerce européen, attribuer cette différence dans la nature des taxes qui devraient être les mêmes tant aux Portes de Fer qu'à Soulina ?

Ces nouvelles taxes par lesquelles à partir du 1er septembre prochain, tout le commerce des Etats de l'Europe centrale, sera tributaire de la Hongrie, non seulement elles ne se justifient pas en droit, mais elles ne sont même pas opportunes, car les travaux ayant pour but la régularisation du cours du Danube entre Turnu-Severin et Orsova, n'ont pas encore été terminées et les obstacles qui s'opposaient à la libre navigation n'ont pas disparu complètement de sorte que la fin des travaux n'est pas là pour justifier le nouveau tarif du gouvernement hongrois.

Voici, ce que nous rapportent les nouveaux journaux : « les obstacles aux Portes de Fer abondent comme auparavant, que le passage n'est ni moins dangereux ni moins cher que précédemment; qu'au contraire le courant dans le canal est devenu plus rapide, ce qui pour la course en amont augmente les frais de traction, puisqu'il faut avoir recours à des machines plus fortes. » (1).

Et plus loin, le même journal continue : «.... Or à l'heure qu'il est, le courant est plus fort qu'auparavant, il faut employer deux remorqueurs là où un seul suffisait et les risques ont augmenté par l'apparition de hauts-fonds là où l'on passait fort bien jadis. Bref, il en coûte plus cher pour franchir le canal aujourd'hui.

. . . .

(1) Voir : *L'Indépendance Roumaine*, n° 6786 déjà cité.

Ainsi les risques ont augmenté, les frais également. » (1).

Quels sont les principes qui ont guidé la Hongrie pour qu'elle puisse prétendre avoir le droit de percevoir des taxes afin de rentrer dans les dépenses faites, pour des travaux dont l'exécution n'est pas complètement terminée? Ceci est contraire aux articles de 1871 et de 1878, qui chargent l'Autriche-Hongrie des travaux à faire exécuter aux Portes de Fer, avec ce droit d'imposer des taxes lorsque les travaux seront *complètement terminés*. Les travaux sont en cours d'exécution alors, en vertu, de quel article, de quel traité ces taxes seront-elles perçues?

Cette question d'opportunité ne nous préoccupe pas, car en étudiant le côté juridique de la question, nous avons voulu démontrer combien au point de vue du droit international public, ces droits de péage aux Portes de Fer, sont contraires aux dispositions très précises d'ailleurs, des traités de Londres du 13 mars 1871 et de Berlin du 13 juillet 1878. Nous avons approfondi l'étude des articles 6 de 1871 et 57 de 1878 et nous avons vu quelles sont leurs stipulations; nous avons vu les intentions, les idées et l'esprit dans lesquels ces articles ont été rédigés; nous nous sommes également rendu compte des dispositions des traités de Vienne de 1815 et de la convention de Paris de 1856, qui ont servi de base aux représentants des grandes puissances, quand

(1) Le *même journal*, n° 6788 déjà cité.

en 1871 et en 1878, ils ont chargé l'Autriche-Hongrie de l'exécution des travaux aux Portes de Fer ; nous nous sommes convaincus combien hautement on a toujours proclamé le principe de la liberté de la navigation sur les fleuves internationaux et par conséquent sur le Danube aussi dans le cas où les traités accordent aux Etats, qui ont exécuté des travaux ayant pour but de faciliter la navigation le droit de percevoir certaines taxes, nous avons enfin vu que ce ne sont que droits sur la navigation. Toutes ces études ne font que nous démontrer combien, les taxes de péage que le gouvernement hongrois fera appliquer le 1er septembre prochain, sont arbitraires et vont à l'encontre de tous les traités et qu'elles ne peuvent se soutenir au point de vue du droit international public.

Malgré que l'Etat hongrois invoque à l'appui de taxes qu'il vient de décréter l'article 7 du traité de Londres de 1871 et l'article 56 du traité de Berlin de 1878, la conclusion qui se dégage de notre étude est que les taxes que ces deux traités prévoient ne sont que *des droits sur la navigation, et non pas des taxes protectionnistes frappant les différentes catégories de marchandises*.

Pour que ces taxes de péage, qui ont soulevé les vives protestations de tous les Etats riverains du Danube, Chambres de commerce et sociétés de navigation, soient conformes aux dispositions des traités internationaux, elles doivent *frapper chaque navire de commerce selon sa capacité, et non pas les marchan-*

dises qu'ils ont à bord, car jamais le droit de péage ne varie selon les différentes marchandises transportées, mais selon le volume du navire de commerce. Ce n'est que de cette manière que la décision du gouvernement se justifierait en droit.

Nous finissons notre étude espérant que vu, la fausse interprétation donnée momentanément aux traités, les protestations unanimes des Etats riverains, les grands torts qu'éprouverait tout le commerce européen, le gouvernement hongrois de M. Kolomanu de Szell, ajournerait *sine die* le 1er septembre prochain la perception de ces taxes de péage, comme il l'a déjà fait le mois de mai dernier. Ce ne serait que justice et il ne ferait que suivre les décisions des diplomates européens qui depuis bientôt un siècle se sont efforcés de faire triompher le grand principe de la libre navigation du Danube.

Si les protestations ne sont point écoutées ni les conseils suivis et si le projet des taxes est mis en vigueur, il n'y a d'après nous qu'une seule solution : la Roumanie, étant l'Etat le plus directement lésé par les nouvelles taxes hongroises, devrait prendre l'initiative de convoquer à Bucarest une conférence internationale qui aurait pour but de trancher la question conformément aux principes admis par le droit international sur la liberté de la navigation des fleuves internationaux, et faire respecter, par ceux qui veulent s'y soustraire, le principe établi en 1815 qui depuis près d'un siècle règne sans qu'aucun Etat se soit permis de lui porter atteinte. Les intérêts particuliers doivent disparaître devant un principe dont l'Europe a la garde et qu'elle doit faire respecter par tous les Etats grands et petits.

APPENDICE

Résumé des dispositions du tarif des taxes de péage aux Portes de Fer, promulgué par le gouvernement hongrois, et qui sera mis en vigueur à partir du 1er septembre 1899.

§. 1. Les bateaux à vapeurs, chalands, péniches et autres bâtiments transportant des voyageurs ou des marchandises, qui passent par tout ou partie de la section régularisée du Bas-Danube, ont a acquitter les taxes de navigation et de remorquage énumérées aux §§ 3 et 4, à moins qu'ils n'en soient exemptés.

En dehors de ces taxes et des taxes locales légalement en vigueur dans les divers lieux d'amararge, aucune autre taxe ne peut être prélevée dans la section régularisée du Bas-Danube.

§ 2. Sont exemptés des taxes de navigation et de remorquage :

1. Les navires de guerre;
2. Tous les bateaux à rames et chalands ayant une capacité de moins de 1.000 quintaux et un tirant d'eau inférieur à 1 mètre,quidescend le fleuve ainsi que les radeaux ;
3. Les remorqueurs, s'ils n'ont pas de marchandises à bord;
4. Les nouvelles constructions navales qui ne ser-

vent pas encore au trafic et qui se rendent, sur lest, à leur lieu de destination;

5. Les navires naviguant sur les parties de la section Moldava-Turnu-Severin qui n'ont pas été régularisées;

6. Les objets d'équipement et matériaux servant aux compagnies de navigation pour leur exploitation savoir. : débarcadères, pontons, chaînes, ancres, câbles, bâches, balances, etc., etc.

§ 3. La section régularisée du Danube est divisée en deux parties, savoir :

a) De Moldava à Orsova ou Verciorova;

b) D'Orsova ou Verciorova à Turnu-Severin.

Les navires parcourant les deux parties de la section régularisée du fleuve ont à acquitter les taxes suivantes :

I. Chaque bateau à vapeur ou chaland, bateau à rames ou péniche sur lest ou chargé : une taxe de 20 fillér (centimes) par tonne de 1.000 kilogrammes sur la foi de ses papiers de bord;

II. Pour les marchandises se trouvant à bord des bateaux à vapeur ou chalands, bateaux à rames, péniches et autres navires : une taxe de navigation de 18 fillér par 100 kilogrammes.

Pour les animaux vivants, la taxe est également de 18 fillér par 100 kilogrammes.

Le poids est établi :

a) Dans les cargaisons complètes, en prenant pour base le certificat de jauge du navire;

b) Dans les cargaisons partielle, c'est-à-dire pour les transports par pièce, on évalue :

Un cheval, poulain, mulet ou bête à corne, à 500 kilogrammes.

Un veau, porc, mouton, chèvre, etc., à 50 kilogrammes.

A titre exceptionnel, des faveurs sont accordées aux cargaisons complètes de charbon de terre (anthracite, houille brune, lignite) moellons, gravier, ciment, chaux, briques bois de construction, bois de chauffage, engrais, huile minérale brute et leurs dérivés ; pour toutes ces marchandises, la taxe n'est que de 6 fillér par 100 kilogrammes.

Si un navire soumis à la taxte parcourt une des deux parties seulement de la section régularisée du Bas-Danube, il n'a à acquitter que la moitié des taxes ci-dessus.

§ 4. Pour l'usage des remorqueurs de l'Etat dans le canal des Portes-de-Fer, entre Orosva et Turn-Severin, il est perçu à titre de taxe de remorquage :

a) Des bateaux à vapeur ou chalands, bateaux à rames ou péniches, sur lest ou chargés : 5 fillér par tonne de 1.000 kilogrammes.

b) Pour les marchandises se trouvant à bord, 4 fillér par 100 kilogrammes.

Laval. — Imprimerie parisienne L. BARNÉOUD & Cie.

www.ingramcontent.com/pod-product-compliance
Ingram Content Group UK Ltd.
Pitfield, Milton Keynes, MK11 3LW, UK
UKHW020417220726
13923UKWH00005B/2013

9 782019 227609